AF221646

Impressum
Verlag: BABADADA GmbH, Nedderfeld 112 , 22529 Hamburg
Geschäftsführer / Verlagsleitung: Harald Hof
Druck: Books on Demand GmbH, In de Tarpen 42, 22848 Norderstedt

Imprint
Publisher: BABADADA GmbH, Nedderfeld 112 , 22529 Hamburg, Germany
Managing Director / Publishing direction: Harald Hof
Print: Books on Demand GmbH, In de Tarpen 42, 22848 Norderstedt

בית ספר
škola

כיתה
učionica
חילק
dijeliti
186/2
לוח
ploča
školsko dvorište
מורה
učitelj
נייר
papir
כתב
pisati
עט
kemijska olovka
שולחן עבודה
pisaći stol
סרגל
ravnalo
ספר
knjiga
תלמיד
učenik

ילקוט

torba

קלמר

pernica

עיפרון

grafitna olovka

מחדד

šiljilo za olovke

גומי מחיקה

gumica za brisanje

חוברת סרטוט

blok za crtanje

2

סרטוט

crtež

מברשת

kist

קופסת צבעים

kutija s bojama

מספריים

makaze

דבק

ljepilo

ספר תרגול

bilježnica

שיעור בית

domaći zadatak

מספר

broj

חיבר

sabirati

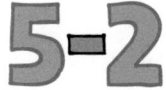

חיסר

oduzimati

הכפיל

množiti

חישב

računati

אות

slovo

אלפבית

abeceda

מילה

riječ

טקסט

tekst

קרא

čitati

גיר

kreda

שיעור

sat

יומן נוכחות

dnevnik

מבחן

ispit

תעודה

svjedodžba

תלבושת בית ספר

školska uniforma

חינוך

obrazovanje

אנציקלופדיה

leksikon

אוניברסיטה

sveučilište

מיקרוסקופ

mikroskop

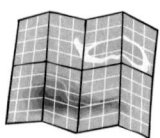

מפה

karta

סל נייר

košara za papir

נסיעה
putovanje

מלון
hotel
הוסטל
prenoćište
המרת מטבע
mjenjačnica
מזוודה
kofer
אוטו
auto

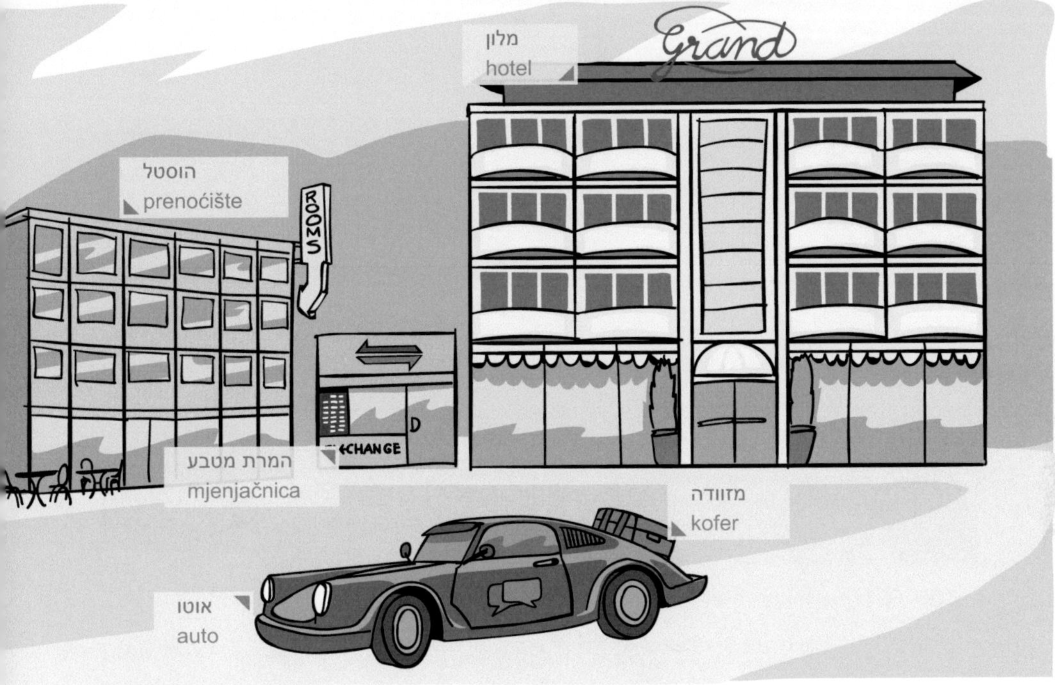

שפה
jezik

כן / לא
da / ne

בסדר
okay

שלום
zdravo

מתרגם
prevoditelj

תודה
hvala

כמה עולה.....?

Koliko košta...?

אני לא מבין

ne razumijem

בעיה

problem

ערב טוב!

dobro veče!

בוקר טוב!

Dobro jutro!

לילה טוב!

Laku noć!

להתראות

doviđenja

כיוון

smjer

כבודה

prtljaga

תיק

torba

תרמיל גב

ruksak

אורח

gost

חדר

soba

שק שינה

vreća za spavanje

אוהל

šator

מרכז מידע לתיירים

turističke informacije

חוף ים

plaža

כרטיס אשראי

kreditna kartica

ארוחת בוקר

doručak

ארוחת צהריים

ručak

ארוחת ערב

večera

כרטיס

karta za vožnju

מעלית

dizalo

בול

poštanska markica

גבול

granica

מכס

carina

שגרירות

ambasada

אשרה

viza

דרכון

putovnica

תחבורה

transport

מטוס
zrakoplov
אונייה
brod
כבאית
vatrogasno vozilo
אוטובוס
autobus
משאית
teretno vozilo
סירת מנוע
motorni čamac
אופניים
biciklo
אוטו
auto

מעבורת

trajekt

סירה

čamac

אופנוע

motocikl

ניידת משטרה

policijski auto

מכונית מרוץ

trkaći auto

רכב שכור

iznajmljeno auto

מכוניות בשיתוף

dijeljenje automobila

אוטו גרר

vučno vozilo

משאית זבל

vozilo za odvoz smeća

מנוע

motor

דלק

benzin

תחנת דלק

benzinska postaja

תמרור

prometni znak

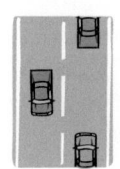

תנועה

promet

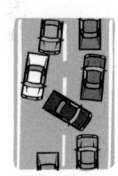

פקק תנועה

zastoj

חניה

parkiralište

תחנת רכבת

kolodvor

פסי רכבת

šine

רכבת

vlak

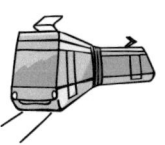

רכבת קלה

tramvaj

קרון

vagon

מסוק

helikopter

שדה-תעופה

zrakoplovna luka

מגדל

toranj

נוסע

putnik

קונטיינר

kontejner

קרטון

karton

עגלה

kolica

סל

košara

המראה / נחיתה

uzletjeti / sletjeti

עיר

grad

כפר

selo

מרכז העיר

centar grada

בית

kuća

קולנוע
kino

פרסומת
reklama

CINEMA

מנורת רחוב
ulična svjetiljka

רחוב
ulica

מונית
taksi

הולך רגל
pješak

קיוסק
kiosk

רציף
nogostup

מעבר חצייה
pješački prijelaz

פח אשפה
kontejner za otpad

צומת
križanje

רמזור
semafor

בקתה
koliba

דירה
stan

תחנת רכבת
kolodvor

עירייה
vijećnica

מוזיאון
muzej

בית ספר
škola

אוניברסיטה

sveučilište

בנק

banka

בית חולים

bolnica

מלון

hotel

בית מרקחת

ljekarna

משרד

ured

חנות ספרים

knjižara

חנות

prodavaonica

חנות פרחים

cvjećara

סופרמרקט

supermarket

שוק

trg

כל-בו

robna kuća

מוכר דגים

ribarnica

קניון

trgovački centar

נמל

luka

פארק

park

ספסל

klupa

גשר

most

מדרגות

stepenice

רכבת תחתית

podzemna željeznica

מנהרה

tunel

תחנת אוטובוס

autobusna stanica

בר

bar

מסעדה

restoran

תא דואר

poštansko sanduče

שלט רחוב

ulični znak

מדחן

parkirni sat

גן חיות

zoološki vrt

בריכת שחיה

bazen

מסגד

džamija

חווה

seosko gazdinstvo

זיהום

zagađenje okoliša

בית עלמין

groblje

כנסייה

crkva

מגרש משחקים

igralište

בית מקדש

hram

נוף
krajolik

עלה
list

תמרור
putokaz

דרך
put

מרעה
livada

אבן
kamen

עץ
drvo

מטייל
שetač

נהר
rijeka

דשא
trava

פרח
cvijet

בקעה
dolina

הר
planina

אגם
jezero

יער
šuma

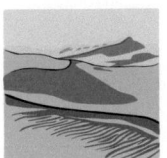

מדבר
pustinja

הר געש
vulkan

טירה
dvorac

קשת בענן
duga

פטריה
gljiva

דקל
palma

יתוש
moskito

זבוב
muha

נמלה
mrav

דבורה
pčela

עכביש
pauk

חיפושית

buba

צפרדע

žaba

סנאי

vjeverica

קיפוד

jež

ארנב

zec

ינשוף

sova

ציפור

ptica

ברבור

labud

חזיר בר

divlja svinja

צבי

jelen

אייל הקורא

los

סכר

nasip

טורבינת רוח

vjetrenjača

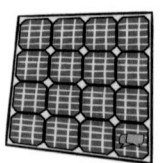

פנל סולארי

solarna ploča

אקלים

klima

מסעדה
restoran

מלצר
konobar
תפריט
jelovnik
כסא
stolica
מרק
supa
פיצה
pica
סכו"ם
pribor za jelo
מפת שולחן
stolnjak

מנת פתיחה
predjelo

מנה עיקרית
glavno jelo

קינוח
desert

שתיות
napitci

אוכל
jelo

בקבוק
boca

מזון מהיר

fastfood

אוכל רחוב

imbis hrana

קנקן תה

čajnik

מסכרת

doza za šećer

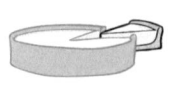

מנה

porcija

מכונת אספרסו

aparat za espresso

כסא תינוק

visoka stolica

חשבון

račun

מגש

pladanj

סכין

nož

מזלג

vilica

כף

žlica

כפית

čajna žlica

מפית

ubrus

כוס

čaša

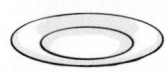

צלחת

tanjur

קערת מרק

tanjur za supu

תחתית

tanjurić

רוטב

sos

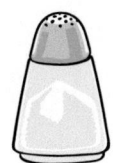

מלחייה

soljenka

מטחנת פלפל

mlin za biber

חומץ

ocat

שמן

ulje

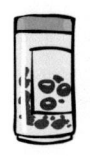

תבלינים

začini

קטשופ

kečap

חרדל

senf

מיונז

majoneza

סופרמרקט
supermarket

מבצע
ponuda
FOR
לקוח
kupac
מוצרי חלב
mliječni proizvodi
פירות
voće
עגלת קניות
kolica za kupnju

אטליז

mesnica

מאפייה

pekarnica

שקל

vagati

ירקות

povrće

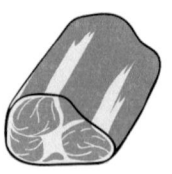

בשר

meso

מזון קפוא

duboko smrznuta hrana

בשר קר

narezak

שימורים

konzerve

אבקת כביסה

sredstvo za pranje

ממתקים

slatkiši

מוצרי בית

artikli za domaćinstvo

חומר ניקוי

sredstva za čišćenje

מוכרת

prodavačica

קופה

blagajna

קופאי

blagajnik

רשימת קניות

lista za kupnju

שעות פתיחה

vrijeme rada

ארנק

novčanik

כרטיס אשראי

kreditna kartica

תיק

torba

שקית נילון

plastična vrećica

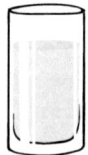

שתיות
napitci

מים

voda

מיץ

sok

חלב

mlijeko

קולה

cola

יין

vino

בירה

pivo

אלכוהול

alkohol

קקאו

kakao

תה

čaj

קפה

kava

אספרסו

espresso

קפוצ'ינו

cappuccino

אוכל
jelo

בננה

banana

תפוח

jabuka

תפוז

naranča

אבטיח

lubenica

לימון

limun

גזר

mrkva

שום

češnjak

במבוק

bambus

בצל

luk

פטריות

gljiva

אגוזים

orašasti plodovi

אטריות

rezanci

ספגטי

špagete

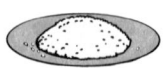

אורז

riža

סלט

salata

צ'יפס

pomfrit

צ'יפס

pečeni krumpir

פיצה

pica

המבורגר

hamburger

כריך

sendvič

שניצל

šnicla

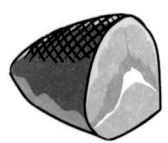

שינקין

pršut

סלאמי

salama

נקניקיה

kobasica

עוף

kokoš

טיגון

pečenje

דג

riba

שיבולת שועל

zobene pahuljice

מוזלי

musli

קורנפלקס

kukuruzne pahuljice

קמח

brašno

קרואסון

roščić

לחמנייה

pecivo

לחם

kruh

טוסט

toast

עוגיות

keksi

חמאה

maslac

גבינה לבנה

svježi sir

עוגה

kolač

ביצה

jaje

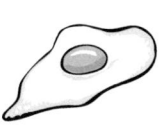

ביצת עין

jaje na oko

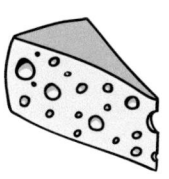

גבינה

sir

גלידה

sladoled

סוכר

šećer

דבש

med

ריבה

marmelada

ממרח נוגט

nugat krema

קארי

curry

חווה

seosko gazdinstvo

seoska kuća
אסם
sjenik
חבילת שחת
bale sijena
שדה
polje
סוס
konj
עגלת נגרר
prikolica
טרקטור
traktor
סייח
ždrijebe
חמור
magarac
כבש
ovca
טלה
lane

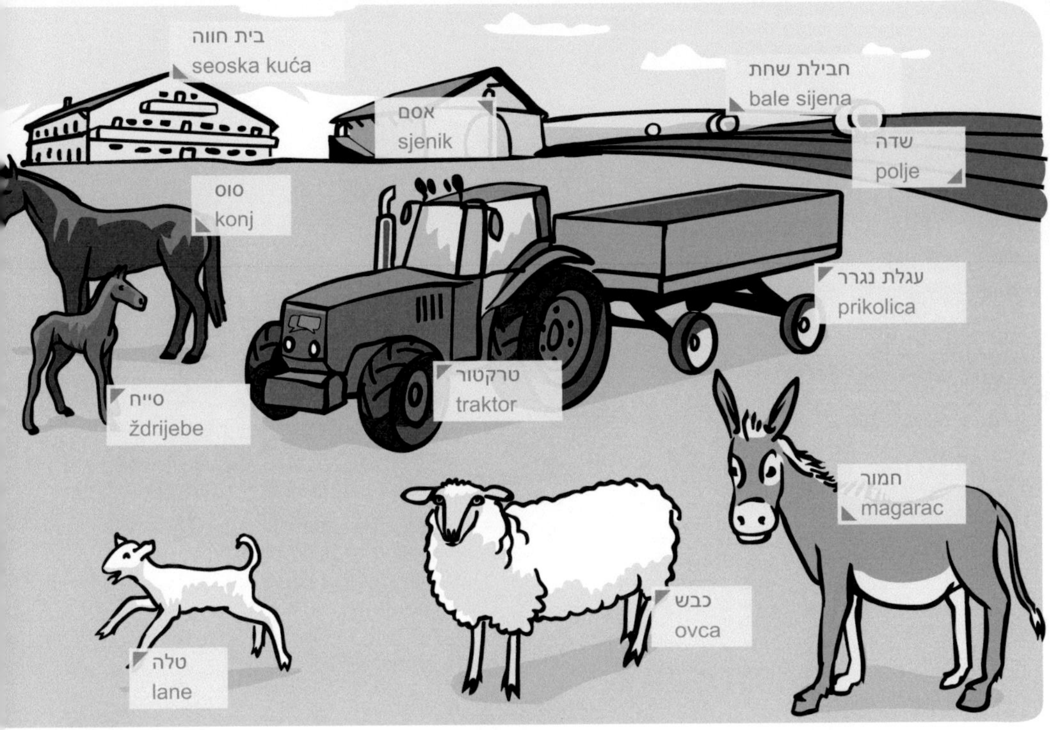

עז

koza

פרה

krava

עגל

tele

חזיר

svinja

חזרזיר

prase

שור

bik

אווז

guska

ברווז

patka

אפרוח

pilići

תרנגולת

kokoš

תרנגול

pijetao

חולדה

pacov

חתול

mačka

עכבר

miš

שור

vol

כלב

pas

מלונה

kućica za psa

צינור השקיה

vrtno crijevo

קנקן מים

kanta za polijevanje

חרמש

kosa

מחרשה

plug

מגל

srp

מגרפה

motika

קלשון

vilica za gnojivo

גרזן

sjekira

מריצה

tačke

שוקת

korito

כד חלב

posuda za mlijeko

שק

vreća

גדר

ograda

אורווה

štala

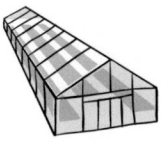

חממה

staklenik

אדמה

zemlja

זרע

sjeme

דשן

gnojivo

מקצרה

kombajn

קצר

žanjati

קציר

žetva

בטטה אפריקנית

yams začin

חיטה

pšenica

סויה

soja

תפוח אדמה

krumpir

תירס

kukuruz

קנולה

uljana repica

עץ פירות

voćka

קסבה

gomolj manioke

דגנים

žitarice

בית

kuća

ארובה
dimnjak
גג
krov
מרזב
žlijeb
חלון
prozor
מוסך
garaža
פעמון
zvono
דלת
vrata
פח אשפה
korpa za otpad
תיבת מכתבים
poštansko sandučе
גינה
vrt

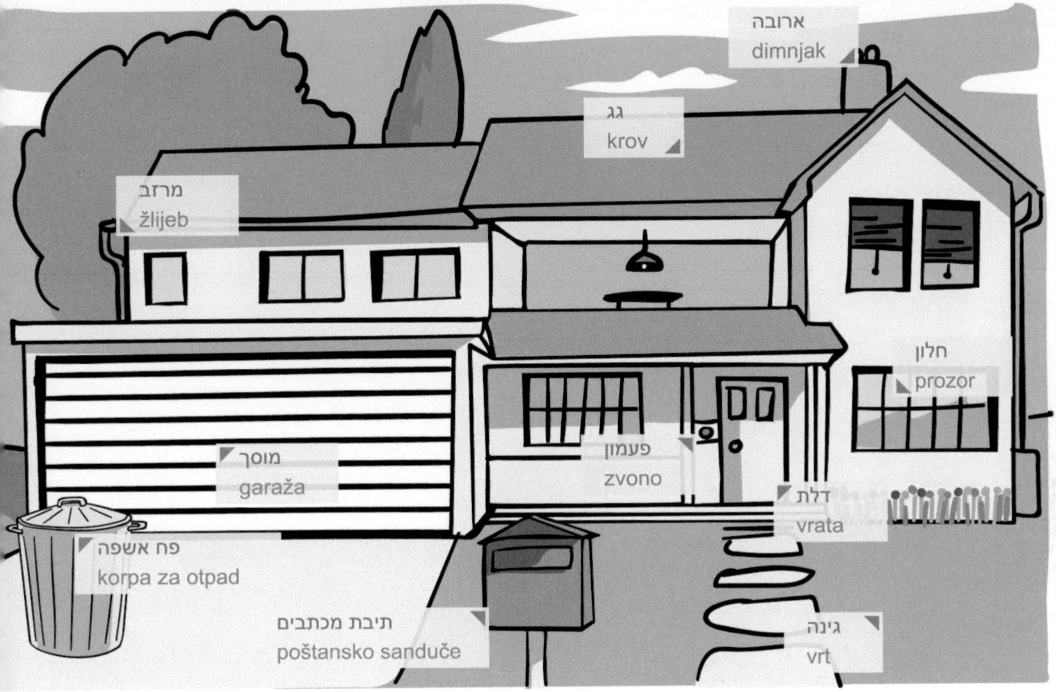

סלון

dnevna soba

חדר אמבטיה

kupaonica

מטבח

kuhinja

חדר שינה

spavaća soba

חדר ילדים

dječija soba

חדר אוכל

trpezarija

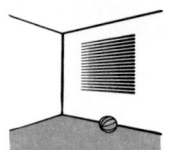

רצפה

pod

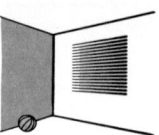

קיר

zid

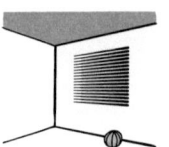

תקרה

strop

מרתף

podrum

סאונה

sauna

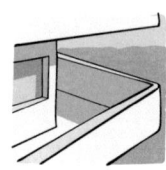

מרפסת

balkon

מרפסת

terasa

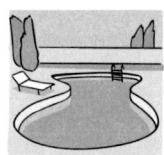

בריכה

bazen

מכסחת דשא

kosilica za travu

סדין

posteljina za krevet

כיסוי מיטה

deka za krevet

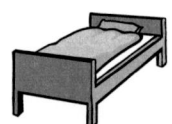

מיטה

krevet

מטאטא

metla

דלי

kanta

מפסק

sklopka

סלון
dnevna soba

טפט
tapeta
תמונה
slika
מנורה
svjetiljka
מדף
regal
ארון
ormar
טלוויזיה
televizija
אח
kamin
פרח
cvijet
כרית
jastuk
ספה
kauč
אגרטל
vaza
שלט רחוק
daljinski upravljač

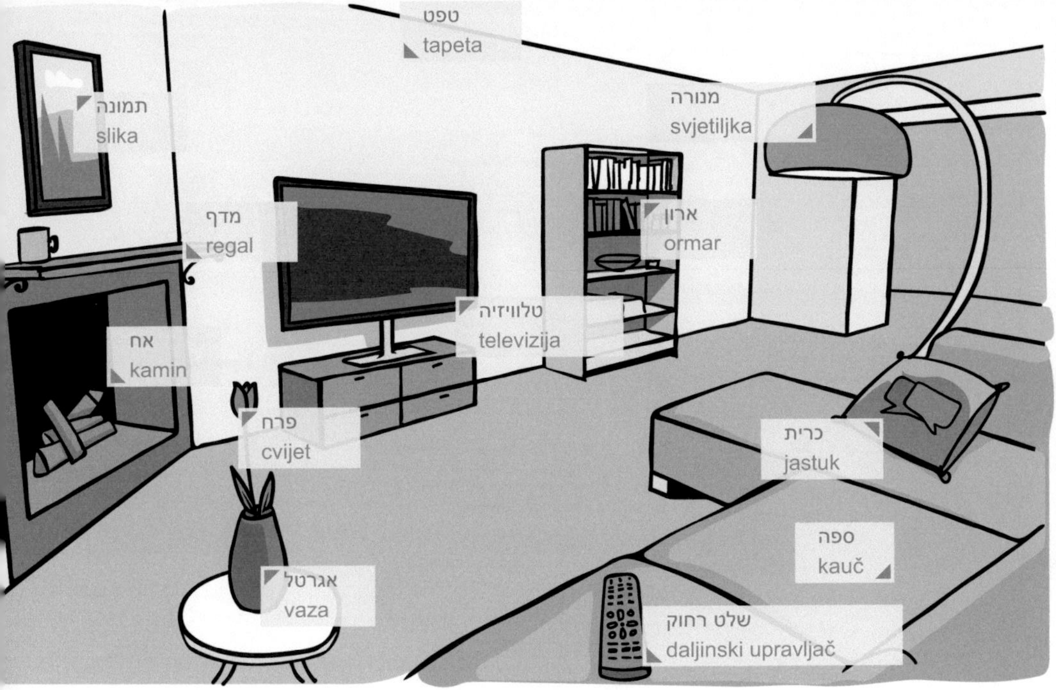

שטיח

tepih

וילון

zavjesa

שולחן

stol

כסא

stolica

כיסא נדנדה

stolica za njihanje

כורסה

fotelja

ספר

knjiga

שמיכה

deka

דקורציה

dekoracija

עצי הסקה

drvo za ogrjev

סרט

film

מערכת סטריאו

stereo uređaj

מפתח

ključ

עיתון

novine

ציור

slika na platnu

פוסטר

poster

רדיו

radio

מחברת

blok za pisanje

שואב אבק

usisavač

קקטוס

kaktus

נר

svijeća

מטבח
kuhinja

מקרר
hladnjak
מיקרוגל
mikrovalna pećnica
kuhinjska vaga
טוסטר
toaster
חומר ניקוי
sredstvo za čišćenje
תנור
pećnica
מקפיא
pretinac za zamrzavanje
פח אשפה
korpa za otpad
מדיח כלים
perilica za suđe

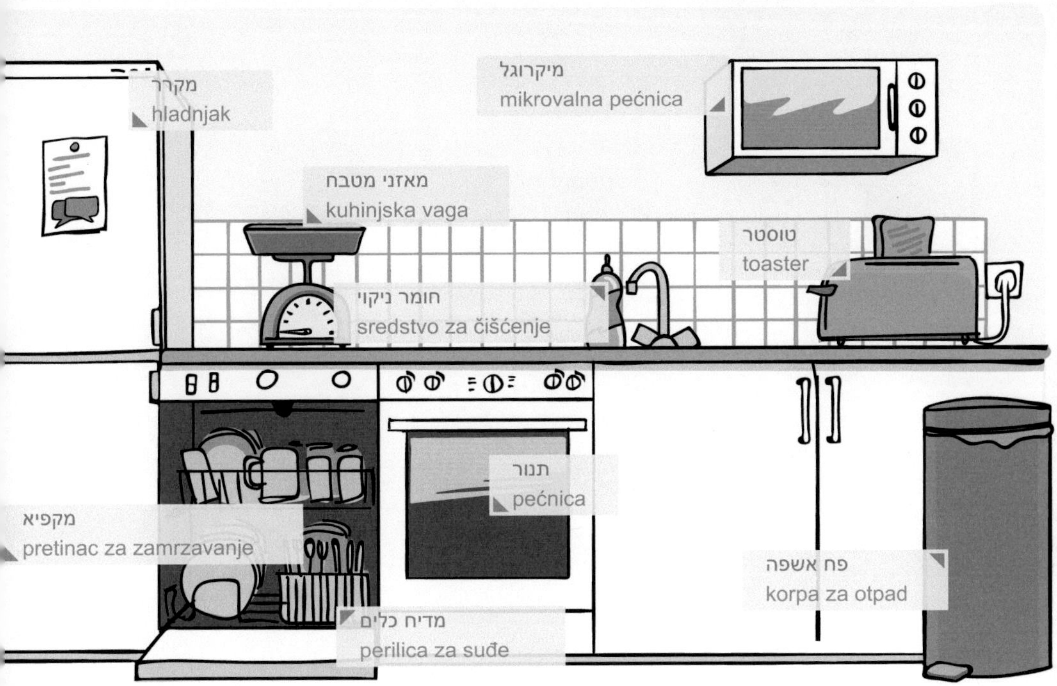

תנור

štednjak

סיר

lonac

סיר ברזל

željezni lonac

ווק

wok / kadai

מחבת

tava

קומקום חשמלי

kuhalo za vodu

מאדה

kuhalo na paru

מגש אפייה

lim za pečenje

כלי אוכל

posuđe

ספל

čaša

קערה

zdjela

צ'ופסטיקס

štapići za jelo

מצקת

kutljača

מרית

lopatica

מטרפה

pjenjača

מסננת בישול

sito za kuhanje

מסננת

sito

מגרדת

ribež

מכתש

mužar

גריל

roštilj

מדורה

ognjište

קרש חיתוך

daska

מערוך

oklagija

פותחן פקקים

vadičep

פחית

konzerva

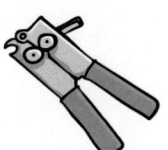

פותחן קופסאות

otvarač konzervi

מטלית

krpa za lonac

כיור

sudoper

מברשת

četka

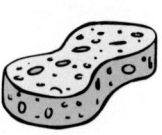

ספוג

spužva

בלנדר

mikser

מקפיא

zamrzivač

בקבוק לתינוק

bočica za bebe

ברז

slavina za vodu

חדר אמבטיה
kupaonica

חימום
grijanje
מקלחת
tuš
מגבת
ručnik
וילון מקלחת
zavjesa za tuš
אמבטיית קצף
pjenušava kupka
אמבטיה
kada
כוס
čaša
מכונת כביסה
perilica za rublje
ברז
slavina za vodu
אריחים
pločice
סיר לילה
dječja kahlica
כיור
sudoper

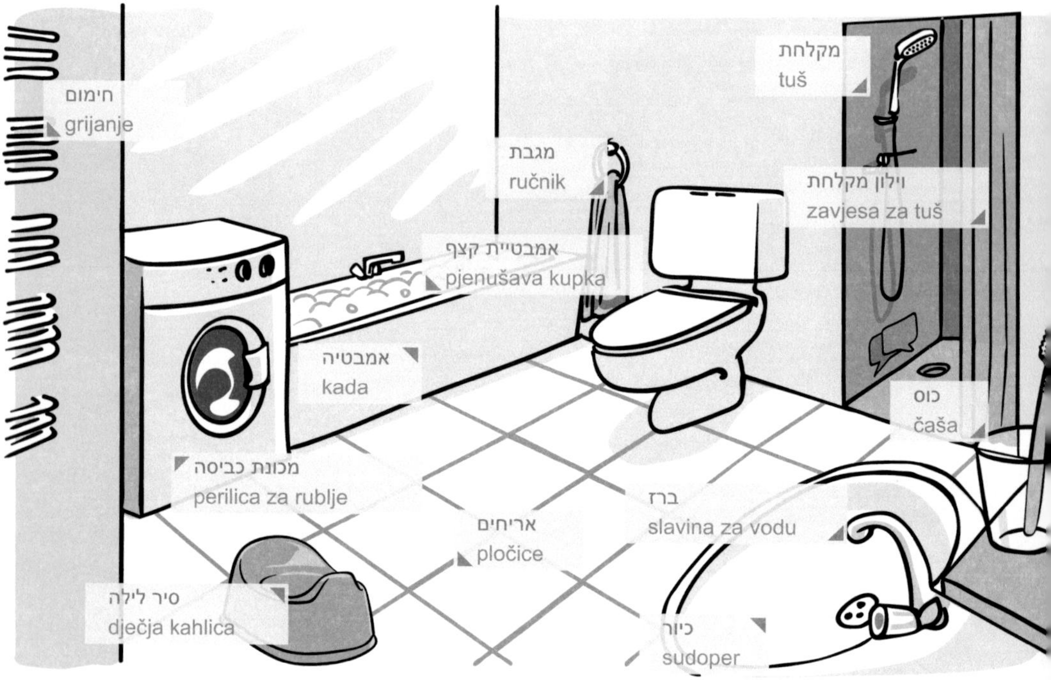

אסלה
toalet

אסלת כריעה
čučavac

בידה
bidet

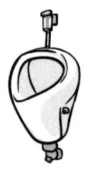

משתנה
pisoar

נייר טואלט
papir za toalet

מברשת אסלה
četka za toalet

מברשת שיניים

četkica za zube

משחת שיניים

pasta za zube

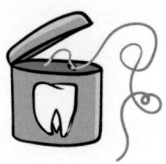

חוט דנטלי

konac za zube

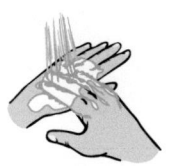

שטף

prati

מקלחת יד

tuš ručica

צינור שטיפה לשירותים

tuš za pranje intimnih dijelova

קערת רחצה

lavor

מברשת גב

četka za pranje leđa

סבון

sapun

ג'ל רחצה

gel za tuširanje

שמפו

šampon

ליפה

krpa za pranje

ניקוז

odvod

קרם

krema

דיאודורנט

dezodorans

מראה

ogledalo

מראת יד

kozmetičko ogledalo

סכין גילוח

brijač

קצף גילוח

pjena za brijanje

אפטרשייב

losion za poslije brijanja

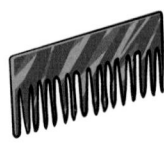

מסרק

češalj

מברשת

četka

מייבש שיער

sušilo za kosu

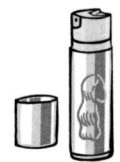

ספריי לשיער

sprej za kosu

איפור

makeup

שפתון

ruž za usne

לק

lak za nokte

צמר גפן

vata

מספריים לציפורניים

škare za nokte

בושם

parfem

תיק כלי רחצה

neseser

שרפרף

stolica

משקל

vaga

חלוק רחצה

ogrtač

כפפות גומי

rukavice za čišćenje

טמפון

tampon

תחבושת סניטרית

uložak

שירותים כימיקליים

kemijski toalet

חדר ילדים
dječija soba

שעון מעורר
budilnik
צעצוע חיבוק
plišana igračka
מכונית צעצוע
auto igračka
רעשן
zvečka
בית בובות
kućica za lutke
מתנה
poklon

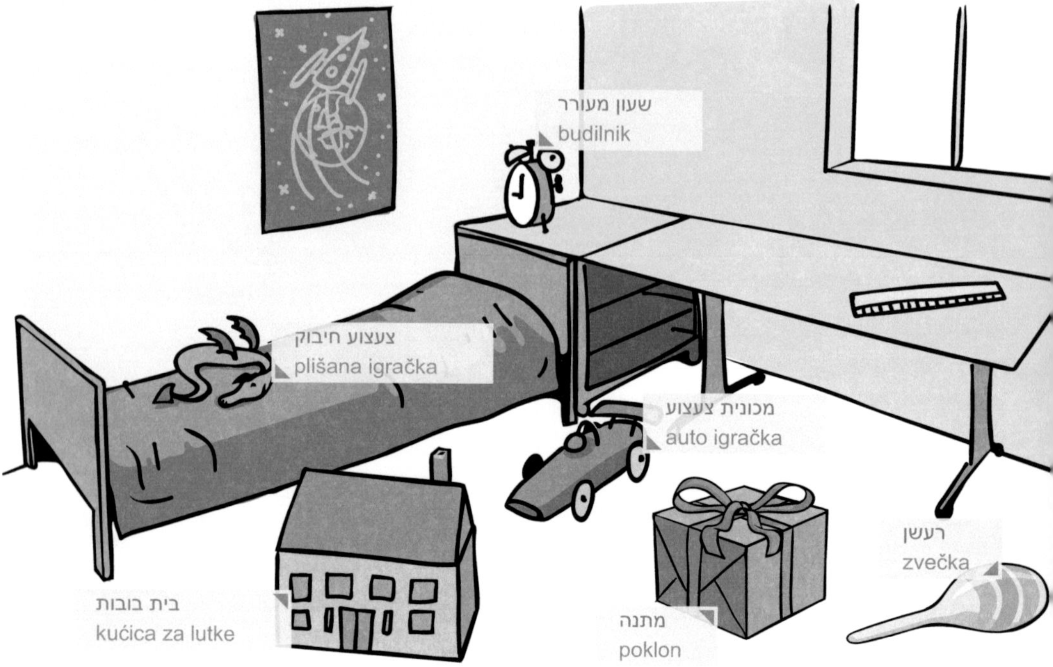

בלון
balon

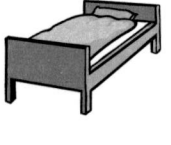

מיטה
krevet

עגלה
dječija kolica

משחק קלפים
igra s kartama

פאזל
slagalica

קומיקס
strip

לגו

lego kockice

קוביות משחק

kockice za slaganje

דמות משחק

akcioni junak

סרבל תינוקות

kombinezon za bebe

פריזבי

frizbi

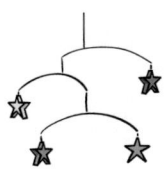

נייד

viseće igračke

משחק לוח

društvene igre

קוביה

kocka

רכבת צעצוע

minijaturna željeznica

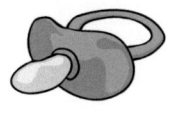

מוצץ

duda

מסיבה

tulum

אלבום תמונות

slikovnica

כדור

lopta

בובה

lutka

שיחק

igrati

ארגז חול

pješčanik

נדנדה

ljuljačka

צעצועים

igračka

קונסולת משחקים

konzola za igre

אופניים תלת גלגלי

tricikl

דובון

plišani medo

ארון בגדים

ormar

בגדים

odjeća

גרביים

kratke čarape

גרביונים

čarape

גרביון

hulahopke

צעיף
šal

חגורה
kaiš

מטריה
kišobran

חולצת טי
t-shirt

מגפיים
čizme

נעלי בית
papuče

נעלי ספורט
patike

סנדלים
sandale

נעליים
cipele

מגפי גומי
gumene čizme

תחתונים
gaćice

חזייה
grudnjak

וסט
potkošulja

גוף

bodi

מכנסיים

hlače

ג׳ינס

džins

חצאית

haljina

חולצה מכופתרת

bluza

חולצה

košulja

אפודה

džemper

סווצ׳ר עם קפוצ׳ון

pulover s kapuljačom

בלייזר

blejzer

ז׳קט

jakna

מעיל

kaput

מעיל גשם

kabanica

תלבושת

kostim

שמלה

haljina

שמלת כלה

vjenčanica

חליפה

odijelo

כותונת לילה

spavaćica

פיג'מה

pidžama

סארי

sari

מטפחת ראש

rubac

טורבן

turban

בורקה

burka

קאפטן

kaftan

עבאיה

abaja

בגד ים

kupaći kostim

בגד ים

kupaće gaćice

מכנסיים קצרים

kratke hlače

בגד אימון

odjeća za trening

סינר

pregača

כפפות

rukavice

כפתור

gumb

משקפיים

naočale

צמיד יד

narukvica

שרשרת

ogrlica

טבעת

prsten

עגיל

naušnica

כובע

kapa

קולב

vješalica

כובע

šešir

עניבה

kravata

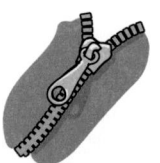

רוכסן

patent zatvarač

קסדה

kaciga

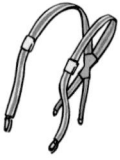

כתפיות

naramenice

תלבושת בית ספר

školska uniforma

מדים

uniforma

מפית אוכל

podbradak

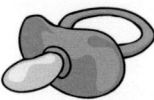

מוצץ

duda

חיתול

pelena

משרד

ured

שרת
server
תיקייה
ormar za spise
מדפסת
pisač
נייר
papir
מסך
monitor
עכבר
miš
שולחן עבודה
pisaći stol
תיק
mapa
מקלדת
tipkovnica
סל נייר
košara za papir
מחשב
računar
כסא
stolica

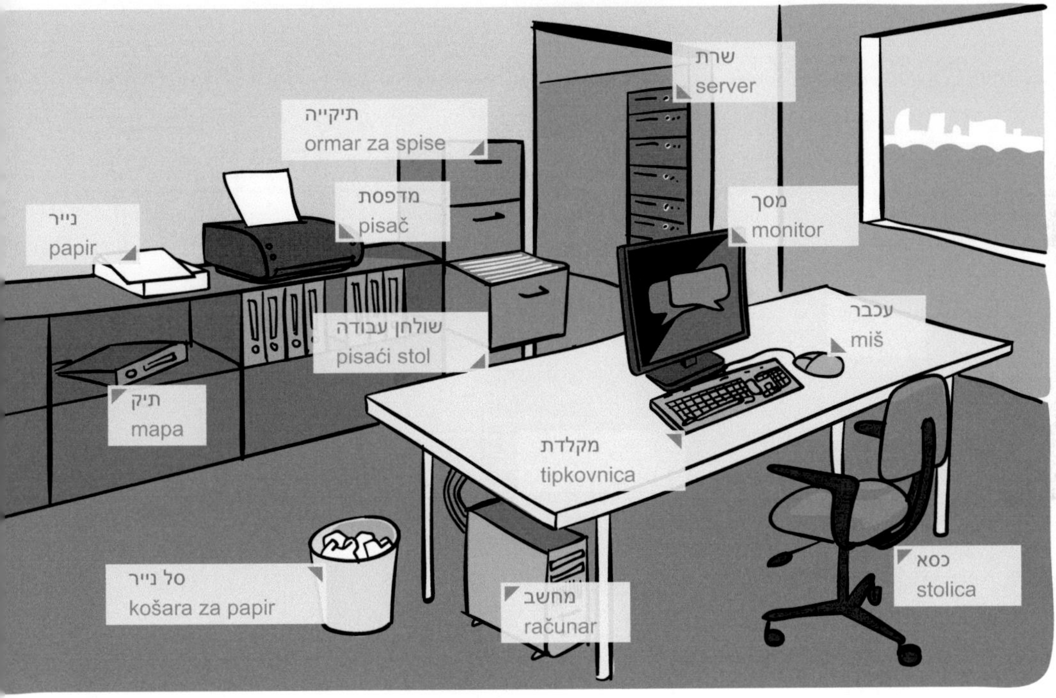

ספל קפה

šalica za kavu

מחשבון

kalkulator

אינטרנט

internet

מחשב נייד

laptop

מכתב

pismo

הודעה

poruka

נייד

mobilni telefon

רשת

mreža

מכונת צילום

uređaj za kopiranje

תוכנה

softver

טלפון

telefon

שקע

utičnica

פקס

faks

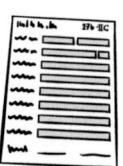

טופס

obrazac

מסמך

dokument

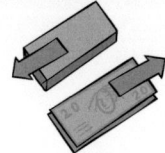

קנה

kupovati

שילם

platiti

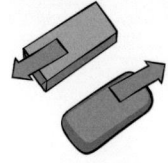

סחר

trgovati

כסף

novac

דולר

dolar

יורו

euro

ין

jen

רובל

rubalj

פרנק שווייצרי

švicarski franak

יואן רנמינבי

renmindbi yuan

רופי

rupija

כספומט

automat za novac

המרת מטבע

mjenjačnica

זהב

zlato

כסף

srebro

נפט

nafta

אנרגיה

energija

מחיר

cijena

חוזה

ugovor

מס

porez

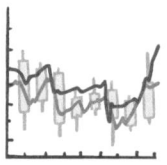

מנייה

dionica

עבד

raditi

עובד

službenik

מעסיק

poslodavac

מפעל

tvornica

חנות

prodavaonica

מקצועות

zanimanja

שוטר
policajac
כבאי
vatrogasac
טבח
kuhar
רופא
liječnik
טייס
pilot

גנן
vrtlar

נגר
stolar

תופרת
krojačica

שופט
sudija

כימאי
kemičar

שחקן
glumac

נהג אוטובוס

vozač autobusa

נהג מונית

vozač taksija

דייג

ribar

עובדת נקיון

čistačica

מתקן גגות

krovopokrivač

מלצר

konobar

צייד

lovac

צייר

slikar

אופה

pekar

חשמלאי

električar

עובד בניין

građevinski radnik

מהנדס

inženjer

קצב

mesar

אינסטלטור

limar

דוור

poštar

חייל

vojnik

אדריכל

arhitekta

קופאי

blagajnik

מוכר פרחים

cvjećar

ספר

frizer

כרטיסן

kondukter

מכונאי

mehaničar

קברניט

kapetan

רופא שיניים

zubar

מדען

znanstvenik

רב

rabi

אימאם

imam

נזיר

monah

כומר

svećenik

כלי עבודה
alati

פטיש
čekić
צבת
kliješta
מברג
odvijač
מפתח ברגים
ključ za vijke
פנס
džepna svjetiljk

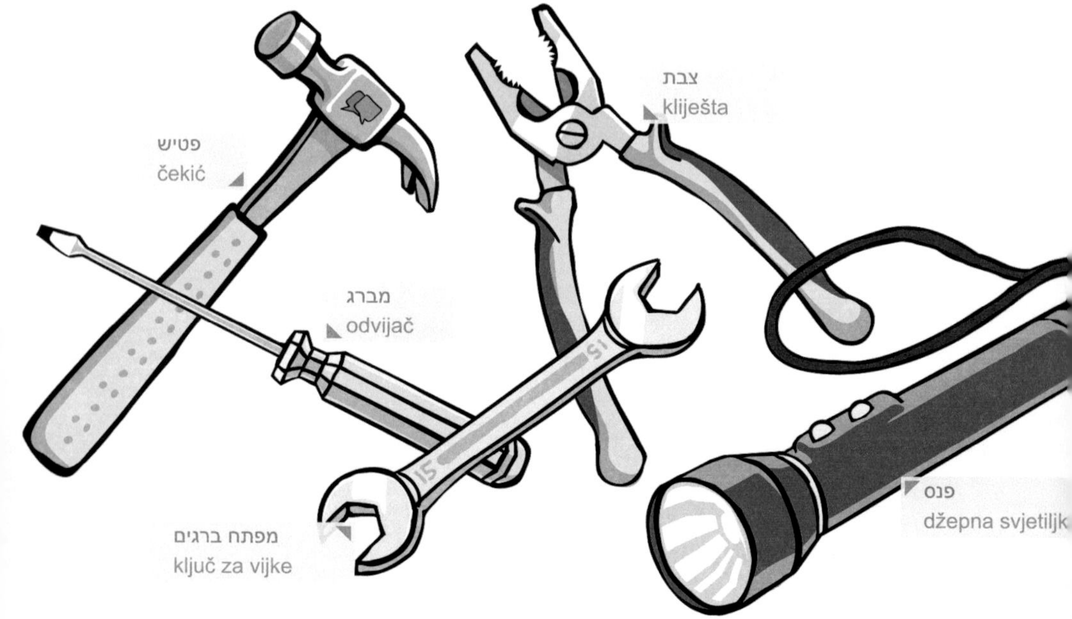

דחפור

rovokopač

ארגז כלים

kutija za alat

סולם

ljestve

מסור

pila

מסמרים

ekser

מקדחה

bušilica

תיקן

popraviti

את חפירה

lopata

לעזאזל!

Sranje!

יעה

lopatica

פח צבע

lonac za boju

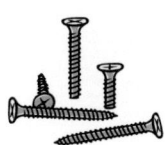

ברגים

vijci

כלי נגינה

glazbeni instrument

מערכת תופים
bubnjevi

רמקול
zvučnik

גיטרה
gitara

קונטראבס
kontrabas

חצוצרה
truba

פסנתר

klavir

כינור

violina

בס

bas

תוף הדוד

timpani

תופים

udaraljke za bubnjeve

מקלדת פסנתר

keyboard

סקסופון

saksofon

חליל

flauta

מיקרופון

mikrofon

גן חיות
zoološki vrt

כניסה
ulaz
נמר
tigar
כלוב
kavez
זברה
zebra
מזון לחיות
hrana za životinje
פנדה
panda

בעלי חיים

životinje

פיל

slon

קנגרו

kengur

קרנף

nosorog

גורילה

gorila

דוב

medvjed

גמל

kamila

יען

noj

אריה

lav

קוף

majmun

פלמינגו

flamingo

תוכי

papagaj

דוב הקרח

polarni medvjed

פינגווין

pingvin

כריש

ajkula

טווס

paun

נחש

zmija

תנין

krokodil

שומר גן החיות

čuvar u zoološkom vrtu

כלב ים

tuljan

יגואר

jaguar

סוס פוני

poni

לאופרד

leopard

היפופוטאם

nilski konj

ג'ירפה

žirafa

נשר

orao

חזיר בר

divlja svinja

דג

riba

צב

kornjača

סוס ים

morž

שועל

lisica

איילה

gazela

ספורט
šport

פוטבול אמריקאי
američki nogomet
רכיבת אופניים
biciklizam
טניס
tenis
כדורסל
košarka
שחיה
plivanje
אגרוף
boks
הוקי
hockey na ledu

כדורגל

nogomet

בדמינטון

badminton

אתלטיקה

atletika

כדור-יד

rukomet

עשה סקי

skijanje

פולו

polo

פעילויות
aktivnosti

קפץ
skočiti
חיבק
zagrliti
צחק
smijati se
הלך
ići
שר
pjevati
חלם
sanjati
התפלל
moliti se
נשק
poljubiti

כתב

pisati

צייר

crtati

הראה

pokazati

דחף

gurati

נתן

dati

לקח

uzeti

יש / להיות הבעלים

imati

עשה

činiti

היה

biti

עמד

stojati

רץ

trčati

מָשַׁךְ

povlačiti

זרק

baciti

נפל

padati

שכב

ležati

חיכה

čekati

סחב

nositi

ישב

sjediti

התלבש

oblačiti

ישן

spavati

התעורר

probuditi se

הסתכל ב-

gledati

בכה

plakati

ליטף

milovati

סירק

češljati

דיבר

govoriti

הבין

razumjeti

שאל

pitati

שמע

slušati

שתה

piti

אכל

jesti

סידר

pospremiti

אהב

voljeti

בישל

kuhati

נהג

voziti

עף

letjeti

שט

ploviti

חישב

računati

קרא

čitati

למד

učiti

עבד

raditi

התחתן

vjenčati se

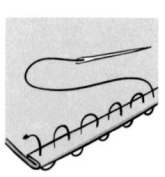

תפר

šiti

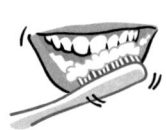

ציחצח שיניים

prati zube

הרג

ubiti

עישן

pušiti

שלח

poslati

משפחה
obitelj

סבתא
baka
סבא
djed
אבא
otac
אימא
majka
תינוק
beba
בת
kćerka
בן
sin

אורח
gost

דודה
tetka

דוד
ujak, stric

אח
brat

אחות
sestra

גוף
tijelo

מצח
čelo
עין
oko
כתף
rame
אצבע
prst
פנים
lice
סנטר
brada
כף יד
ruka
רגל
noga
חזה
grudi
זרוע
ruka

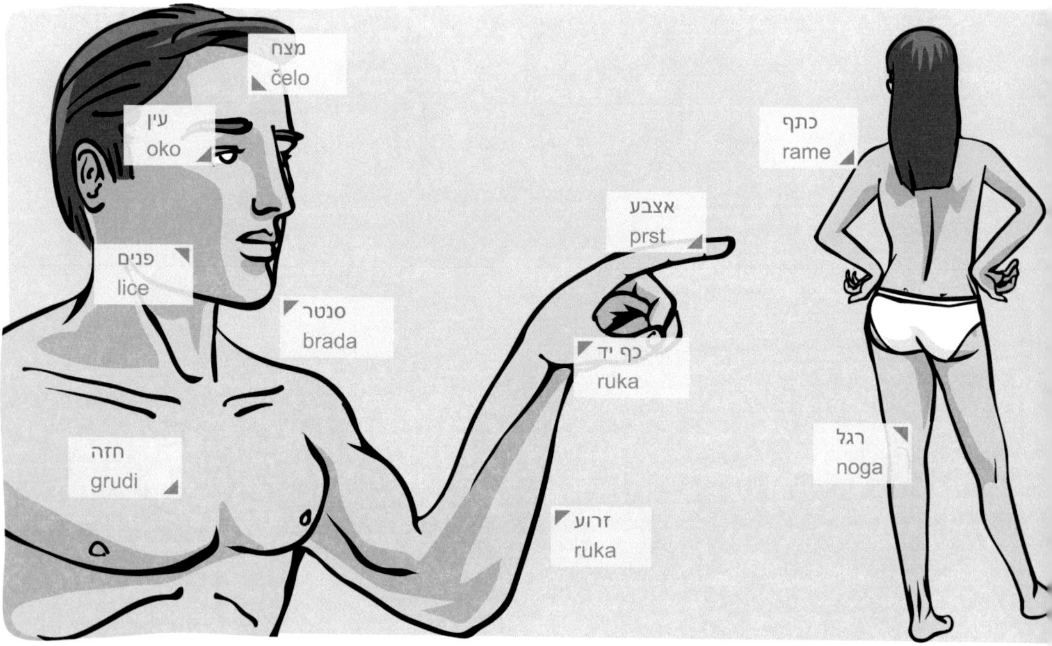

תינוק

beba

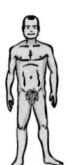

איש

muškarac

אישה

žena

ילדה

djevojčica

ילד

dječak

ראש

glava

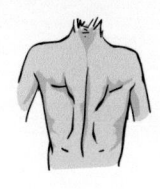

גב

leđa

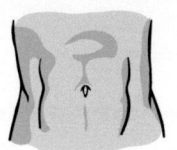

בטן

trbuh

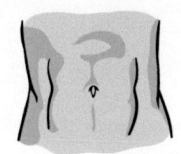

טבור

pupak

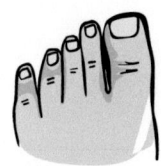

אצבע

nožni prst

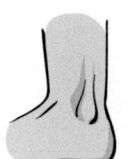

עקב

peta

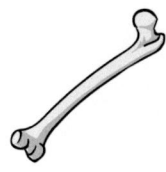

עצם

kost

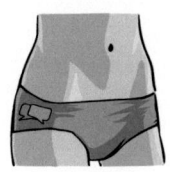

ירך

kuk

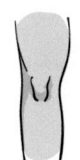

ברך

koljeno

מרפק

lakat

אף

nos

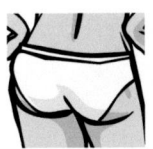

עכוז

stražnjica

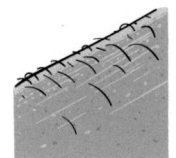

עור

koža

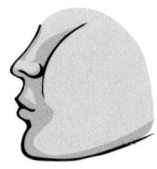

לחי

obraz

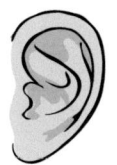

אוזן

uho

שפתיים

usna

פה

usta

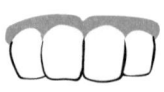

שן

zub

לשון

jezik

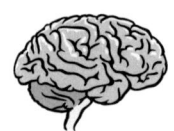

מוח

mozak

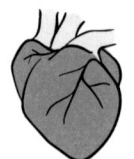

לב

srce

שריר

mišić

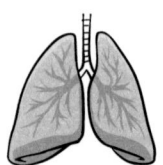

ריאה

pluća

כבד

jetra

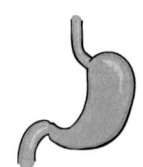

קיבה

želudac

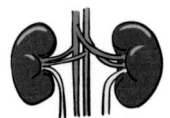

כליות

bubrezi

מין

snošaj

קונדום

kondom

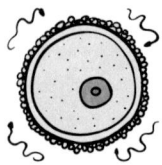

ביצית

jajna stanica

זרע

sperma

הריון

trudnoća

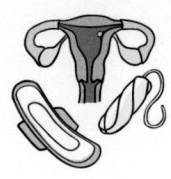

וסת

menstruacija

נרתיק

vagina

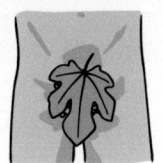

פין

penis

גבה

obrva

שיער

kosa

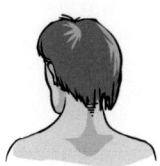

צוואר

vrat

בית חולים
bolnica

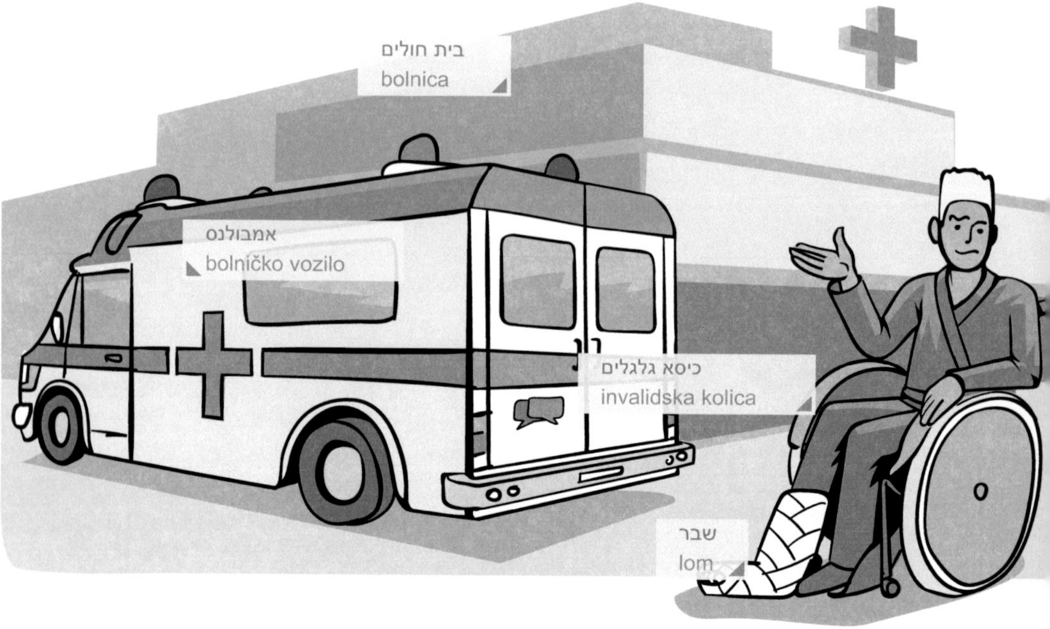

בית חולים
bolnica
אמבולנס
bolničko vozilo
כיסא גלגלים
invalidska kolica
שבר
lom

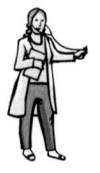

רופא

lijećnik

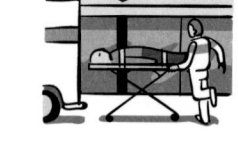

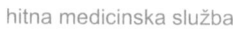

חדר מיון

hitna medicinska služba

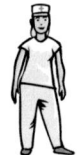

אחות

medicinska sestra

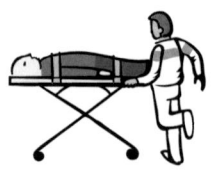

חירום

hitni slučaj

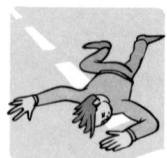

חסר הכרה

nesvijest

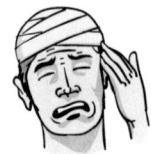

כאב

bol

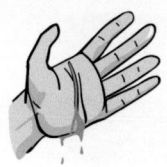

פציעה

ozljeda

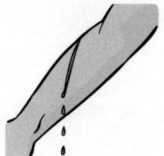

דימום

krvarenje

התקף לב

srćani infarkt

שבץ

moždani udar

אלרגיה

alergija

שיעול

kašalj

חום

groznica

שפעת

gripa

שלשול

proljev

כאב ראש

glavobolja

סרטן

rak

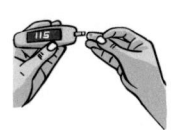

סוכרת

dijabetes

מנתח

kirurg

אזמל

skalpel

ניתוח

operacija

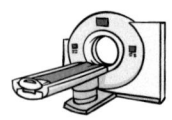

סי-טי

ct

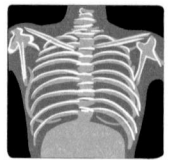

רנטגן

rentgen

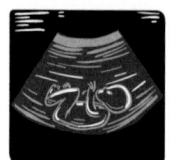

אולטרסאונד

ultrazvuk

מסיכת פנים

maska

מחלה

bolest

חדר המתנה

čekaonica

קבה

štaka

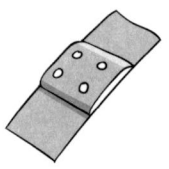

פלסטר

flaster

תחבושת

zavoj

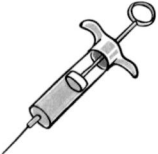

זריקה

injekcija

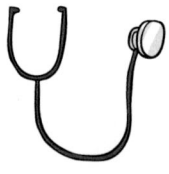

סטטוסקופ

stetoskop

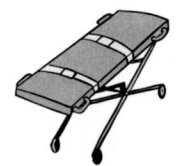

אלונקה

nosilo

מד חום

termometar

לידה

rođenje

עודף משקל

prekomjerna težina

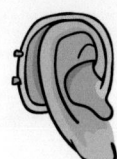

מכשיר שמיעה

slušni aparat

מחטא

sredstvo za dezinfekciju

זיהום

infekcija

נגיף

virus

איידס

hiv / sida

תרופה

medicina

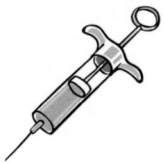

חיסון

vakcinacija

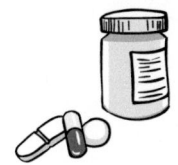

טבליות

tablete

גלולה

pilula

קריאת חירום

poziv u pomoć

מד לחץ דם

uređaj za mjerenje tlaka

חולה / בריא

bolesno / zdravo

חירום
hitni slučaj

הצילו!

pomoć!

אזעקה

alarm

פשיטה

nasrtaj

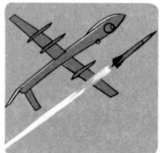

תקיפה

napad

סכנה

opasnost

יציאת חירום

izlaz za nuždu

אש!

požar!

מטף כיבוי

vatrogasni aparat

תאונה

nezgoda

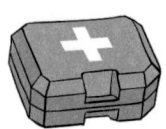

ערכת עזרה ראשונה

kofer prve pomoći

הצילו!

sos

משטרה

policija

כדור הארץ
zemlja

אירופה

Europa

צפון אמריקה

sjeverna amerika

דרום אמריקה

južna amerika

אפריקה

Afrika

אסיה

Azija

אוסטרליה

Australija

האוקיינוס האטלנטי

Atlantik

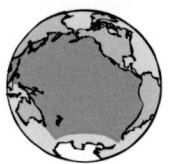

האוקיינוס השקט

Pacifik

האוקיינוס ההודי

ocean

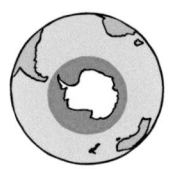

האוקיינוס האנטרקטי

antarktički ocean

האוקיינוס הארקטי

arktički ocean

הקוטב הצפוני

sjeverni pol

הקוטב הדרומי

južni pol

אנטארקטיקה

Antarktik

כדור הארץ

zemlja

אדמה

zemlja

ים

more

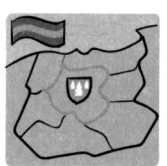

אי

otok

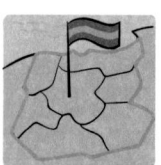

לאום

nacija

מדינה

država

שעון

sat

פני השעון

brojčanik sata

מחוג השעות

satna kazaljka

מחוג הדקות

minutna kazaljka

מחוג השניות

sekundna kazaljka

?מה השעה

Koliko je sati?

יום

dan

זמן

vrijeme

עכשיו

sada

שעון דיגיטלי

digitalni sat

דקה

minuta

שעה

sat

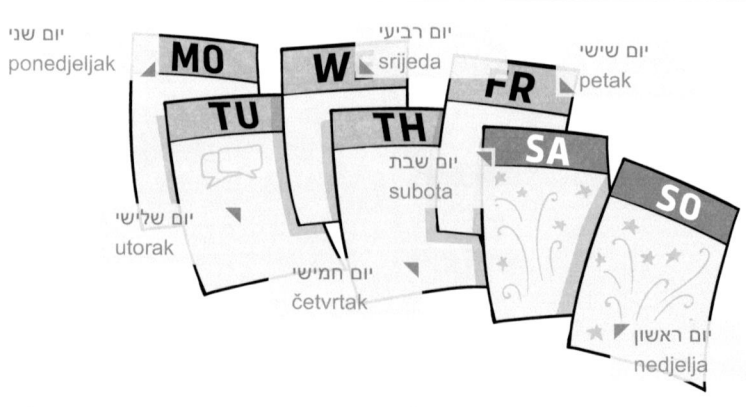

שבוע
tjedan

יום שני
ponedjeljak

יום שלישי
utorak

יום רביעי
srijeda

יום חמישי
četvrtak

יום שישי
petak

יום שבת
subota

יום ראשון
nedjelja

אתמול
jučer

היום
danas

מחר
sutra

בוקר
jutro

צהריים
podne

ערב
večer

ימי עבודה
radni dani

סוף שבוע
vikend

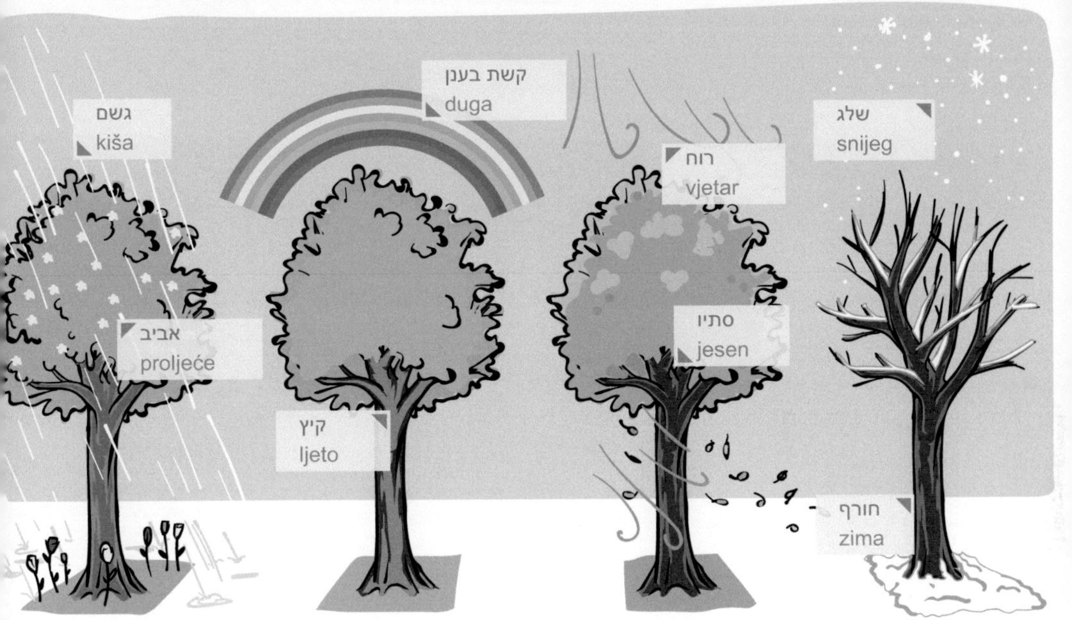

גשם
kiša

קשת בענן
duga

רוח
vjetar

שלג
snijeg

אביב
proljeće

סתיו
jesen

קיץ
ljeto

חורף
zima

4.APRIL	11°	☀
5.APRIL	4°	
6.APRIL	13°	
7.APRIL	8°	☀
8.APRIL	10°	☀

תחזית מזג האוויר

meteorološka prognoza

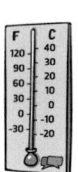

מד חום

termometar

אור שמש

sunčana svjetlost

ענן

oblak

ערפל

magla

לחות

vlažnost zraka

ברק

munja

רעם

grmljavina

סערה

oluja

ברד

tuča

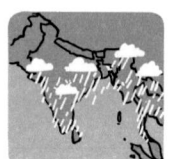

רוח עונתי

monsun

שיטפון

poplava

קרח

led

ינואר

siječanj

פברואר

veljača

מרץ

ožujak

אפריל

travanj

מאי

svibanj

יוני

lipanj

יולי

srpanj

אוגוסט

kolovoz

ספטמבר
....
rujan

אוקטובר
....
listopad

נובמבר
....
studeni

דצמבר
....
prosinac

צורות
oblici

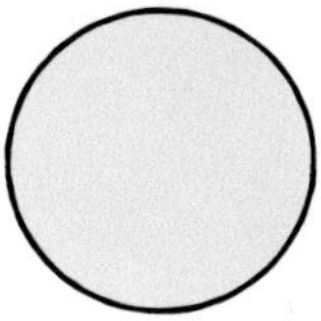

עיגול
....
krug

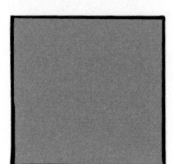

מרובע
....
kvadrat

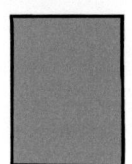

מלבן
....
pravokutnik

משולש
....
trokut

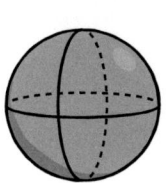

כדור
....
kugla

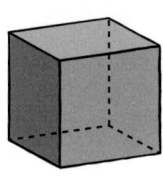

קובייה
....
kocka

צבעים
boje

לבן

bijela

צהוב

žuta

כתום

narančasta

ורוד

ružičasta

אדום

crvena

סגול

ljubičasta

כחול

plava

ירוק

zelena

חום

smeđa

אפור

siva

שחור

crna

הפכים

suprotnosti

הרבה / מעט

mnogo / malo

כועס / רגוע

ljutito / mirno

יפה / מכוער

lijepo / ružno

התחלה / סוף

početak / kraj

גדול / קטן

veliko / maleno

בהיר / כהה

svijetlo / tamno

אח / אחות

brat / sestra

נקי / מלוכלך

čisto / prljavo

שלם / חלקי

potpuno / nepotpuno

יום /לילה

dan / noć

מת / חי

mrtvo / živo

רחב / צר

široko / usko

אכיל / לא אכיל

jestivo / nejestivo

רשע / טוב לב

zlo / dobro

מתרגש / משועמם

uzbuđeno / dosadno

שמן / רזה

debelo / mršavo

ראשון / אחרון

na početku / na kraju

חבר / אויב

prijatelj / neprijatelj

מלא / ריק

puno / prazno

קשה / רך

tvrdo / mekano

כבד / קל

teško / lagano

רעב / צמא

glad / žeđ

חולה / בריא

bolesno / zdravo

בלתי-חוקי / חוקי

ilegalno / legalno

נבון / טיפש

pametno / glupo

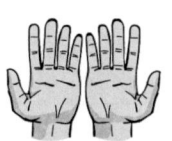

שמאל / ימין

lijevo / desno

קרוב / רחוק

blizu / daleko

חדש / משומש

novo / rabljeno

כלום / משהו

ništa / nešto

זקן / צעיר

staro / mlado

פעיל / כבוי

uključeno / isključeno

פתוח / סגור

otvoreno / zatvoreno

שקט / רועש

tiho / glasno

עשיר / עני

bogato / siromašno

נכון / שגוי

točno / pogrešno

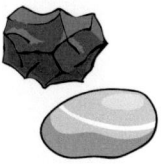

מחוספס / חלק

hrapavo / glatko

עצוב / שמח

tužno / sretno

קצר / ארוך

kratko / dugo

איטי / מהיר

polako / brzo

רטוב / יבש

mokro / suho

חם / קר

toplo / hladno

מלחמה / שלום

rat / mir

מספרים
brojevi

0

אפס

nula

1

אחת

jedan

2

שתיים

dva

3

שלוש

tri

4

ארבע

četiri

5

חמש

pet

6

שש

šest

7

שבע

sedam

8

שמונה

osam

9

תשע

devet

10

עשר

deset

11

אחת-עשרה

jedanaest

12
שתים-עשרה

dvanaest

13
שלוש-עשרה

trinaest

14
ארבע-עשרה

četrnaest

15
חמש-עשרה

petnaest

16
שש-עשרה

šestnaest

17
שבע-עשרה

sedamnaest

18
שמונה-עשרה

osamnaest

19
תשע-עשרה

devetnaest

20
עשרים

dvadeset

100
מאה

stotinu

1.000
אלף

tisuću

1.000.000
מיליון

milijun

שפות
jezici

אנגלית

engleski

אנגלית אמריקאית

američko engleski

סינית מנדרינית

kinesko mandarinski

הודית

hindi

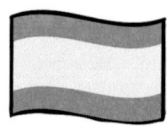

ספרדית

španjolski

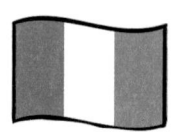

צרפתית

francuski

ערבית

arapski

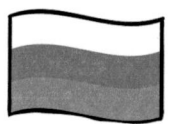

רוסית

ruski

פורטוגזית

portugalski

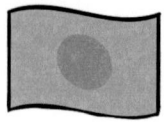

בנגלית

bengalski

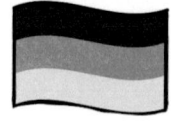

גרמנית

njemački

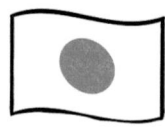

יפנית

japanski

מי / מה / איך
tko / što / kako

אני

ja

אתה / את

ti

הוא / היא / זה

on / ona / ono

אנחנו

mi

אתם

vi

הם

oni

?מי

tko?

?מה

što?

?איך

kako?

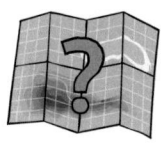

?איפה

gdje?

?מתי

kada?

שם

ime

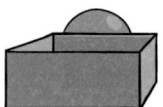

איפה

gdje

מאחור

iza

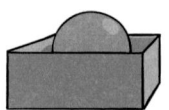

בתוך

u

לפני

ispred

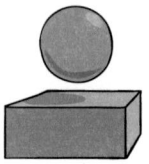

מעל

preko

על

na

מתחת

ispod

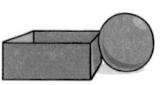

ליד

pored

בין

između

מקום

mjesto